Im Stadium der Reife

der Reife

Hubertus Scheurer
Lyrik

*Bibliografische Information der Deutschen Nationalbibliothek:
Die Deutsche Nationalbibliothek verzeichnet diese Publikation in der
Deutschen Nationalbibliografie; detaillierte bibliografische Daten sind im
Internet über http://dnb.d-nb.de abrufbar.*

*Satz, Umschlaggestaltung:
Willy Arndt*

*Herstellung und Verlag:
Books on Demand GmbH, Norderstedt
ISBN: 978-3-8448-3382-9*

Informationen über:

www.Hubertus-Scheurer.de

Inhaltsverzeichnis

Verschiedenes in Kurzfassung

Im Stadium der Reife

Wenn ich aufs Leben pfeife,
Ich denke, dann befind ich mich,
Und das verblieb nun unterm Strich,
Im Stadium der Reife.

Im Schnelllauf ging es durch die Zeit,
Ein Auf und Ab, ein Hin und Her,
In Freud und Leid, mal leicht mal schwer,
Am Ende steht Vergeblichkeit.

Wer will das schon begreifen,
Die meisten mit Gewißheit nicht,
Verständlich, daß aus ihrer Sicht
Sie auf die Reife pfeifen.

Die Zahnradlebensbahn

Wie ein Zahnrad im Gehirn
Kreist es hinter meiner Stirn;
Zeigt mir auf, mit jedem Zahn,
Punkte meiner Lebensbahn,

Die in den verflossnen Jahren
Für mich von Bedeutung waren;
Einmal rund im Stundenlauf
Ist mein ganzes Leben drauf.

Doch genug, das war's für heute,
Was mich plagte, was mich freute,
Lassen wir das Zahnrad stehn,
Bis zum nächsten Wiedersehn.

Dann womöglich, wie ich wähne,
Gibt es sogar weitere Zähne,
Und das Zahnrad, das sich dreht,
Zeigt, wie's Leben schnell vergeht.

Ende der Lebensbahn

Zum Ende neigt die Lebensbahn,
Ich stell mich darauf ein,
Hab Pflicht und Schuldigkeit getan,
Kann nun zufrieden sein.

Der Abgang, möglichst ohne Pein,
Wird jetzt zum letzten Ziel,
Erlösung aus dem Erdensein,
Nach kurzem Zwischenspiel.

Zur Reise in die Ewigkeit,
Fernab von Zeit und Raum,
In eine Welt verschont vom Leid,
Gab's bisher nur im Traum.

Kein Mitspracherecht

Verzeihen Sie, daß ich geboren bin,
Ich selbst sehe darin auch keinen Sinn,
Doch mich hat man vorher nicht gefragt,
Ein Mitspracherecht mir leider versagt.

Deshalb bin ich hier und kann Sie verstehn,
Am besten, Sie würden mich übersehn,
Es wäre dann so, was wollen Sie mehr,
Als ob ich gar nicht geboren wär.

In Gedanken bereits tot

Ich stell mir vor, daß tot ich bin,
Somit auf diese Weise,
Auf meinem Weg zum Jenseits hin,
Beende hier die Reise.

Jetzt läßt mich die Verleumdung kalt,
Werd ich vom Staat betrogen,
Der Furcht vor Willkür und Gewalt,
Hab ich mich so entzogen.

Hinzu kommt, das erleichtert sehr,
Auch das wollt ich bezwecken,
Fürs Testament hab ich Gewähr,
Ich kann es selbst vollstrecken.

Unser Geschick

Es läuft immer wieder aufs Ende hinaus,
Immer und immer wieder;
Verdräng es und denk nicht so weit voraus,
Sonst lähmt es und drückt Dich nieder.

Es läuft, laß es laufen,
Du hältst es nicht auf,
Nur der Mensch hat dafür den Blick,
Vergeblichkeit prägt seinen Lebenslauf,
Dies zu sehen, ist sein Geschick.

Bedeckt halten

Was ich denke, was ich bin,
Steht in meinen Büchern drin;
Das Erscheinungsbild zerfällt,
Im Alter, wie der Wert vom Geld.

Bei dem schleichenden Vergehn
Braucht mich keiner mehr zu sehn,
Deshalb halt ich mich bedeckt
Und schrieb auf, was in mir steckt.

Unveränderbar

Wozu noch weiterschreiben ?
Die Welt sie wird so bleiben,
Wie wir sie vorgefunden,
Auch ich kann dies bekunden.

Voltaire hat es bereits erkannt,
Das Dumme, Schlechte hat Bestand;
Am Ende steht Vergeblichkeit,
Ist abgelaufen unsre Zeit.

Dennoch liegt im Bestreben,
Sein Bestes stets zu geben,
Dem eignen Leben hier im Sein,
Sinn und auch Würde zu verleihn.

Marschbereit

Ich begrüße ihn devot,
Mög er holen mich, der Tod,
Hier, dem Erden-Weh und Ach
Wein ich keine Träne nach,

Denn ich wurd ein alter Mann,
Was mir lieb war, ging voran,
Hoffnung gibt es nun nicht mehr,
So geh ich gern hinterher.

Tod, laß Dir nicht zu viel Zeit,
Ich erwart Dich marschbereit,
Und bist Du dann endlich hier,
Schlag ich auf die Schulter Dir !

Ein Vorfahr

Ein Vorfahr, väterlicherseits,
Lebte auf dem Schloß in Greiz,
Ging meinem Vater stolz voran,
War wie er ein Ehrenmann.

Stets fühlt ich ihnen mich verpflichtet,
In diesem Sinn; wer heute richtet,
Über mich, sollt das bedenken
Und seinen Blick zur Wahrheit lenken.

Was willst Du mehr ?

In jene Zeit fühl ich mich ein,
Durft meines Vaters Pfleger sein
Und mußte früh am Morgen
Rasiern ihn und versorgen.

Nach meinem zwölften Lebensjahr,
Begann das, bis ich fünfzehn war,
Da ist der Tod gekommen
Und hat ihn mitgenommen.

Erfolgreich, würd mein Vater sagen,
Hab ich mich fortan durchgeschlagen,
Sprech nun mit seiner Zunge,
Was willst Du mehr, mein Junge ?

Schön wär's

Das ist es, was uns aufrecht hält,
Stets wurde unser eignes Feld,
In dieser so verlognen Welt,
Gewissenhaft, korrekt bestellt.

Wenn wir uns jetzt vom Acker machen,
Sind wohlgeordnet unsre Sachen;
Schön wär's, würd damit dann vielleicht,
Etwas in unsrem Sinn erreicht.

Nicht geboren werden

Erwarte vom Leben nicht allzu viel,
Das Schicksal ist grausam, treibt mit uns sein Spiel;
Je größer das Glück, dessen sei Dir bewußt,
Ist dann am Ende auch der Verlust.

Wohl dem, der lernt, sich zu bescheiden,
Denn so entgeht er manchem Leiden,
Wenn er der Scheinwelt sich entbindet,
Zur Ruhe in sich selber findet.

Was im Leben wir beginnen,
Wird danach im Nichts verrinnen;
Vielleicht sollten wir auf Erden
Gar nicht erst geboren werden.

Der WC-Überwachungsstaat

In Hamburg bekannt als Philister,
Würd Alfred K. jetzt gern Minister;
Minister, noch im Wartestand,
Doch stets verfügbar für das Land.

WC-s, die will er überwachen,
Zudem, was Leute hineinmachen;
Da kommt er richtig auf Geschmack,
Er nennt sich ja bereits Lord Kack.

Der WC-Überwachungsstaat,
Der so entsteht auf Alfreds Rat,
Wird wirklich einzigartig sein,
Bringt dauerhaften Ruhm ihm ein.

Der extraordinäre Alfred

Alfred mit dem Sackgehänge
Extraordinärer Länge,
Brachte dieserhalb beim Saunen
Alle Damen stets zum Staunen.

Darin war er gar nicht eigen,
Was man hat, das soll man zeigen,
So daß alle, die ihn kannten,
Ihn den großen Alfred nannten.

Doch auch Größe, sie hat Tücken,
Alfred mußte sich kurz bücken,
Da hat jemand, ungebeten,
Ihm auf seinen Sack getreten.

Und durch den gequetschten Hoden
Fiel vor Schreck er auf den Boden,
Es war aus mit seiner Größe,
Man sah nur noch Alfreds Blöße.

Der Patriarsch

Hamburgs Springer-Blattkultur,
Die den Bock zum Gärtner macht,
Sieht auf einem Auge nur,
Was der alte Bock vollbracht.

Was denselbigen verschönt,
Davon sind die Blätter voll,
Ihn zum Patriarchen krönt,
Erfüllt Jesus auch mit Groll.

Seinen Lehren widerspricht,
Daß der, wie ein Bock gemein,
Gute Pflanzen tritt, zerbricht,
Sollte gar ein Gärtner sein.

Bruder Jesus bat mich drum,
Blas ihm weiterhin den Marsch,
Dieser Bock macht Leute dumm
Und ist nur ein Patriarsch.

K. mit den Klabusterbeeren

Mehr als ein Dutzend Direktoren
Haben bei K. den Job verloren;
Doch sie sollten Großmut zeigen,
Der ihrem Herrn war nie zu eigen.

Die höchste Anerkennung wäre,
Für ihn eine Klabusterbeere;
Wenn jeder eine für ihn hätte,
Ergäb sich daraus die komplette
Klabusterbeerenehrenkette.

Bei allen wichtigen Empfängen
Könnt K. sie um den Hals sich hängen;
Er setzt damit bestimmt ein Zeichen,
Das wirklich sucht noch seinesgleichen.

Die Kaufmannsheiligkeit

Alfred Kack, die Symbiose
Aus Eitelkeit und toter Hose,
Wurd durch Springers Blatt, WELT-weit,
Zu einer Kaufmannsheiligkeit.*

Wie das ? Nun, ich möcht vermuten,
Man meint, Alfred strebt zum Guten,
Und so gehn in seinem Haus
Gegensätze ein und aus.

Täglich kommen sie, die Nutten,
Selten Mönche, in den Kutten,
Doch gerade diese Mischung
Zeugt von Geist und bringt Erfrischung.

*"DIE WELT" bezeichnete ihn als Symbiose aus
Kaufmannsgeist und Heiligem Geist.

Die Kackparade

Der Ole ging, doch Alfred blieb,
Als Führer von dem Kackbetrieb,
Und Ole plante nun gerade
Vorm Rathaus eine Kackparade;

Mit Damen, Herren vom Gericht,
Die Kack zu dienen, sahn als Pflicht;
Natürlich wär die Polizei,
Mit Amtsvorstehern, auch dabei.

Sie sollten dort zum Ehrerweis
Marschiern, vor Alfred Kack, im Kreis,
Doch nun, es ist schon jammerschade,
Fällt erst mal aus, die Kackparade.

Das Kackverbot

Die Richter haben unverdrossen
Schon einmal einen Bock geschossen;
Drei Bücher durft ich nicht verbreiten,
So fing's auch an zu Adolfs Zeiten.

Es zählte nur noch sein Geschmack,
Heut ist es der von Alfred Kack,
Und jedesmal ist sie in Nöten,
Die Freiheit, sie geht nämlich flöten.

Wenn Richter heute sehr devot
Verhängen gar ein Kackverbot,
Dann kann man, das ist nicht zum Lachen,
Nur heimlich in die Hose machen.

Oskar der Wagenknecht

Der Oskar wurd zum Wagenknecht,
Und das geschieht ihm wirklich recht,
Die neue Frau, da mag er klagen,
Sie fährt ihm sicher an den Wagen.

Er wurd zum Wagenknecht der Linken,
Den Altgenossen wird das stinken,
Doch war er vorher schon ein Knecht
Von seinem Trieb in dem Geschlecht.

Und er wird daran wieder reiben,
Um auf die Spitze es zu treiben,
Kassiert in diesem Staat nicht schlecht,
Auch weiter ab als Wagenknecht.

Die Repräsentanz

Erst Köhler, dann Wulff und jetzt auch noch Gauck,
Da fragt man sich doch, was soll der Klamauk;
Soldaten marschieren, Soldaten stehn stramm,
Wie zu alten Zeiten, mit großem Tamtam.

Im Parlament ein Riesenspektakel,
Vergessen auch das Schuldendebakel,
Es zählt, wie von jeher, nach außen der Glanz,
Gleich, was sie uns kostet, die Repräsentanz.

Angela und der Ackermann

Bei Angela, der Kanzlerin,
War Ackermann erschienen,
Er schaute grinsend zu ihr hin,
Sprach: Womit kann ich dienen ?

Ach Ackermann, ihr guter Rat
Der ist mir lieb und teuer,
Führn ihre Bank als Mann der Tat,
Mit festem Griff das Steuer.

Milliarden gehn durch ihre Hand,
Und wie ich höre, flöten,
Ich brauche ihren Sachverstand,
Denn wir sind auch in Nöten.

Milliarden sind doch kein Problem,
Die hab ich abgeschrieben,
Und trotzdem, äußerst angenehm,
Ist ein Gewinn geblieben.

Das ist phantastisch Ackermann,
Von ihnen kann man lernen,
Wir nehmen ihren Rat gern an,
Sie dürfen sich entfernen.

Skrupellosigkeit von Banken

Ja, die Banken sahnen ab,
Weiß man, und das nicht zu knapp;
Hast Du Dein Konto überzogen,
Nehmen Banken ungelogen,

Hohe Überziehungszinsen,
Siebzehn Prozent gehn in die Binsen;
Baust im weiteren Verlauf
Du ein Guthaben Dir auf,

Zahln sie dafür keinen Cent
Und belasten vehement,
Trotzdem noch mit einem Posten,
Genannt Kontoführungskosten.

Leider gibt es keine Schranken
Für die Ausbeutung durch Banken,
Ihre Skrupellosigkeit
Zeigt ihn an, den Geist der Zeit.

Die Bußgeldfallen

Behördenwillkür, diese Plage,
Tritt leider allzuoft zutage;
Verkehrsämtern soll es gelingen,
Den Geldverkehr in Schwung zu bringen,

Wenn sie Geschwindigkeit beschränken,
Entgegen jedem klugen Denken,
So den Verkehrsfluß stark behindern,
Sollt man sie trotzdem tunlichst mindern;

Da die Behörden sich nicht schämen,
Die Bürger ständig auszunehmen,
Liegt vor der Plan, in solchen Fällen,
Die Bußgeldfallen aufzustellen.

Durch sie erschließt man reiche Quellen
Sich für des Staates Bußgeldstellen,
Und sollt der Bürger etwa klagen,
Dann geht´s erst recht ihm an den Kragen.

Keine Hürden

Dreißig Jahre lebten wir
In unsrem Haus zufrieden,
Bis die neuen Nachbarn hier
Wurden uns beschieden.

Mit der Ruhe war's vorbei,
Rücksichtslose Meute,
Tag und Nacht, Lärm und Geschrei,
Lausig diese Leute.

Sie Regierungsoberrat,
Er mit Doktorwürden,
Jedes Amt deckt ihre Tat,
Da gibt's keine Hürden.

Der Doktorhut

Manch einer, der hat promoviert,
Damit er seinen Kopf drapiert,
So daß der Doktorhut verdeckt,
Was wirklich in dem Menschen steckt.

Ein Fachidiot ist da nicht selten,
Der will nach außen etwas gelten,
Doch von Charakter keine Spur,
Ein echter Arsch in Reinkultur.

Drum laßt euch täuschen nicht von Hüten,
Darunter kann die Torheit wüten,
Der Hut gibt keinerlei Gewähr
Für Anstand, Lauterkeit und Ehr.

Zu Guttenberg braucht keinen Titel

Sie brauchen keinen Doktortitel,
Zu Guttenberg, als Ehrenmann,
Was ich, schau ich auf dies Kapitel,
Nicht grad von vielen sagen kann.

Ein Doktor Goebbels wär zu nennen,
Die Massen hatte er im Griff,
Den Staatsverbrecher sollt man kennen,
Er fuhr ganz Deutschland auf das Riff.

Ein Guttenberg, der stand dagegen,
Im ehrenhaften Widerstand,
Sein Andenken gilt es zu pflegen,
War Hoffnungsträger für das Land.

Doch ich traf Doktorhutstrategen,
Wie sie vertreten hier das Recht,
Sollt man den Hut beiseite legen,
Beim Anblick schon wird einem schlecht.

Lampenschirm aus Judenhaut

Wenn wir wieder rückwärts schauen,
Gab es auch vereinzelt Frauen,
Die in der Gewaltherrschaft
Sich verhielten grauenhaft.

Eine von den Nazibräuten
Ließ die Juden gar enthäuten;
Sie war im KZ Herrin
Mit besondrem Schönheitssinn.

Ließ Lampenschirme draus erstellen,
Sie sollten ihren Geist erhellen,
Wenn das gedämpfte Lampenlicht
Durch die Judenhäute bricht.

Zog die Menschheit daraus Lehren ?
Daß sich meine Zweifel mehren,
Geb ich nun seit Jahren kund,
Und ich mein, aus gutem Grund.

Nationalstolz

Wie stolz kann man als Deutscher sein?
Da falln uns Goethe, Schiller ein;
Doch ob die stolz auf Deutschland wären,
Wer das fragt, wird auch Zweifel nähren.

Nach allem, was hernach geschehn,
Würd man bei ihnen Trauer sehn;
Da kämen Schiller und auch Goethe,
Was Stolz betrifft, in arge Nöte.

Dagegen aber hör ich schon,
In einem vorwurfsvollen Ton,
Den Einwand, ernst und ohne flachsen,
Darüber sei doch Grass gewachsen.

Und der schrieb mit sehr viel Gefühl
Im Blechgetrommel von der Mühl',
Die erst ging langsam und dann schneller,
Hatt' eine Leiche selbst im Keller.

Der Nationalstolz allgemein,
Gegründet oft auf falschem Schein,
Man sollt mit Vorbehalt ihn sehen,
Fest auf den eignen Füßen stehen.

Märchen vom Bergdorf

In Hamburg gibt´s ein Dorf an den Bergen,
Mit einem Amt von rechtlichen Zwergen
Und einem Dorfschmied als Rechtsanwalt,
Von ganz erbärmlicher Rechtsgestalt.

Der schmiedet dort Ringe schief und krumm,
Führt Richter damit an der Nase herum,
Die ihm in seinem schändlichen Treiben,
Aus diesem Grund wohl gewogen bleiben.

Gilt es gerichtlich zu entscheiden,
Dann sollte man das Bergdorf meiden,
Solang der Rechtsverdrehungsschmied
Dort weiter seine Bahnen zieht.

Blindeschleich und der Vergleich

Offen stell ich hier die Frage,
Nützt es etwas, wenn ich klage
Als Vermieter, der ich bin,
Oder hat man ohnehin
Mit Vermietern nichts im Sinn,

Wenn der Mieter dich betrügt,
Deine Hab zerstört und lügt,
Und beim Staate angeschmiegt,
Ihm auf seiner Tasche liegt?

Nun, es läßt sich kaum verhehlen,
Der Beklagte müßt erst stehlen,
Um den Schaden auszugleichen,
Und die Kosten wär'n zu streichen.

Doch der Richter Blindeschleich
Bietet an mir den Vergleich:
Sie bezahlen von den Posten
Der Gerichts- und Anwaltskosten,

Siebzig Prozent, wunderbar,
Was bezweckt wird, scheint mir klar;
So kommt fürs Gericht was rein,
Es stellt das Verfahren ein;

Das ist heute deutsches Recht,
Nun, mir war schon vorher schlecht,
Denn ich wußte ja, das Klagen
Sollt man besser sich versagen.

Blindeschleich bringt mich zum Lachen

Er ist außer sich gewesen
Als er das Gedicht gelesen,
Von sich, dem Richter Blindeschleich,
Mit seinem Vorschlag zum Vergleich.

Von dem Vorschlag dürft mitnichten
Man berichten in Gedichten,
So etwas in Versergüssen,
Könnt sonst führn zu falschen Schlüssen.

Fehlt nur, daß in dieser Sache
Man sich auch noch lustig mache,
Über Richter Blindeschleich
Im bergdorflichen Rechtsbereich.

Deshalb wollt der ehrenwerte
Blindeschleich mit aller Härte,
Diesen Fall zum Abschluß bringen,
In die Knie den Kläger zwingen.

Dementsprechend, das am Rande,
Kam sein Urteil dann zustande,
Sollt beim Kläger Wut entfachen,
Der konnt nur darüber lachen.

Zusatzgaben

Mein Anwalt bat um Zusatzgaben
Fünfhundert EURO, soll er haben;
Bei mittlerweile fünfzig Schreiben,
Da möcht ich ihm nichts schuldig bleiben.

Fürs Recht, bat ich ihn, einzustehen,
Im Bergdorf, und das ist geschehen;
Doch leider, es gelang mitnichten,
In diesem Sinn, was auszurichten.

Im Bergdorf wird das auch so bleiben,
Da lohnt es nicht sich aufzureiben,
Solang es gibt dort die perfide,
Ruchlose Rechtsverdrehungsschmiede.

Richter als Vermietungsdiener

Bei dem, was mir die Richter bieten,
Werd ich nun nicht mehr vermieten,
Und ich überlaß es ihnen,
Wohnraum selber anzudienen.

Zimmer in den Amtsgebäuden
Sollt man länger nicht vergeuden,
Nach Dienstschluß, zum Überleben,
Obdachlosen übergeben.

Richter wären zu verpflichten,
Zimmer morgens herzurichten,
Solln zuerst sinnvoll gestalten,
Danach ihres Amtes walten.

Praxisnähe, würd ich sagen,
Wird zur Urteilskraft beitragen,
Falln sie rein auf Mietnomaden,
Zahlen Richter für den Schaden.

Der Paragraphenhaufen

Man könnte sich die Haare raufen,
Sie baun am Paragraphenhaufen,
Der, wie ein großer Haufen Mist,
Kaum noch zu überblicken ist.

Auf diesem Haufen wird gerichtet,
Die Wahrheit selten nur gesichtet,
Wenn Rechtsverdrehungsakrobaten
Hier gründlich ihre Arbeit taten.

Den Haufen übersichtlich machen,
Da müssen Rechtsverdreher lachen,
Denn darin finden sie gewiß
Auch einen Schlüssel zum Beschiß.

Für Rechtsblinde

Für Blinde, in den Rechtsbereichen,
Ist noch etwas nachzureichen:
Wer sie sucht, die rechten Wege,
Schließt mit Gesocks keine Verträge.

Der wird auch seine Hand nicht reichen,
Um sich mit diesem zu vergleichen;
Das sollten Richter auch verstehen,
Wenn sie die gleichen Wege gehen.

Wenn nicht, dann ist es Zeitverschwenden,
Sich den Gerichten zuzuwenden,
Und die Kosten fürs Verfahren
Kann man besser sich ersparen.

Herr Rechtskondom

Das Recht hier treibt schon arge Blüten,
Wenn Rechtsverdreher es verhüten,
Und solche traf ich in Gestalt
Als Richter, Staats- und Rechtsanwalt.

Die Namen will ich gar nicht nennen,
So mancher wird sie selber kennen,
Was ich als Anrede nun fand,
Geb ich dagegen gern bekannt.

Herr Rechtsanwalt und Euer Ehren,
Dies gilt es ihnen zu verwehren,
Man sagt fortan Herr Rechtskondom
Zu einem Rechtsverhütungsgnom.

Die Leichenträger

Richter sollten Rechte pflegen,
Was sich mir bot, spricht dagegen;
Sie war'n nicht des Rechtes Pfleger,
Sondern dessen Leichenträger.

So kann ich den Rechtsstaat orten,
Nur in Reden, schönen Worten;
Mein Recht wurde unverhohlen,
Von den Richtern mir gestohlen.

Damit auch das Rechtsvertrauen,
Darauf läßt sich nicht mehr bauen,
In dem Land von selbstgerechten,
Eitlen Paragraphenknechten.

Vom Bergdorf nach Schwarzenbek

Vom Dorf an den Bergen nach Schwarzenbek
Ist es nur ein kurzer Weg,
So daß der Rechtsverdrehungsschmied
Auch dort beeinflußt, was geschieht.

Er wird mit seiner Tour, der krummen,
Wohl weitere Richter noch verdummen;
Mal sehn, ob die in Schwarzenbek
Erbringen hierfür den Beleg.

Darüber werden wir berichten
In den dann folgenden Gedichten;
Zu wünschen wär, daß man dem Schmied
Mal richtig lang die Ohren zieht.

Ein Esel

Daß man dem Rechtsverdrehungsschmied
Die Ohren in die Länge zieht,
Nun, dazu kam es leider nicht
Beim Schwarzenbeker Amtsgericht.

Mit Eselsohrn den Rechtskondom,
Ihn gab's vielleicht im alten Rom,
Doch heute gilt's zu wahrn den Schein,
Ein Esel könnt im Rechtsverein,
Als solcher sichtbar, störend sein.

Die alte Unfreiheit

Die „Junge Freiheit" in Berlin,
Freiheitlich, wie sie mir schien,
Lehnte die Annonce ab,
Die ich dort in Auftrag gab.

„Kampfbereit wie Bruder Jesus allezeit"
Ging entschieden ihr zu weit,
Und dann Jesus Bild dazu,
Würd Lesern nehmen ihre Ruh.

Daß es wohl so kommen mußt,
Hat Bruder Jesus schon gewußt,
Als er sagte: „Dieses Buch
Könnte werden Dir zum Fluch.

Mein Tod führte nicht zum Licht,
Änderte die Menschheit nicht,
Was als Freiheit sich heut preist,
Trägt in sich den alten Geist."

Die Promi-Enten

Im Blickpunkt wollte ich nie stehn
Und dafür mich verrenken,
Damit mich möglichst viele sehn,
Mir ihren Beifall schenken.

Heut zählt die Oberflächlichkeit,
Sie ist mir nicht zu eigen,
Solln sich im eitlen schönen Schein
Die Promienten zeigen.

Tadel und Adel

Mögen einige mich tadeln,
Da bin immer ich ganz Ohr,
Doch sie können uns nicht adeln,
Das behalten wir uns vor.

Tadel, ich werd mich besinnen,
Ist was dran, dank ich dafür,
Adel kommt allein von innen
Und durch keine Außentür.

Ihre Liebe

Ihre Liebe, welch ein Fluch,
Richtet sich nach dem Geruch;
Mag sie den, ist er vertraut,
Reicht die Liebe bis zur Haut.

Was darunter, ist tabu,
Da macht sie die Augen zu,
Und so kommt es zur Ekstase
Dann vielleicht in ihrer Nase.

Den Zaum anlegen

Sie sollt vom Schwanz her ihn aufzäumen,
Das brächte immerhin,
Da fängt er sogleich an zu träumen,
Ihm einen Lustgewinn;

Denn was in seinem Kopf ist drin,
Das interessiert sie kaum,
Es macht deshalb nur wenig Sinn,
Legt sie dort an den Zaum.

Die Geruchsquellen

Daß Düfte aus den Löchern quellen,
Wird man gewahr an vielen Stellen;
Da sind zunächst einmal die Poren,
Aus ihnen geht der Schweiß verloren.

Im Kopf, das größte Loch, der Mund
Führt tief hinab, bis in den Schlund;
Der Mundgeruch, er zeigt uns an,
Das irgendwas nicht stimmen kann.

Aus Ohrenlöchern allerdings,
Da riecht es weder rechts noch links,
So wie bei denen in der Nase,
Drum folgt von hier der Sprung zur Blase.

Entleert sie sich ins Teil vor Ort,
Empfängt man den Geruch von dort;
Von dem, was aus dem Hintern dringt,
Hält man dagegen, daß es stinkt.

Willys Brief

Willy wollt einen Brief versenden,
So schnell es geht, zu meinen Händen,
Er dacht' sich, daß der Luftverkehr
In diesem Fall am besten wär.

Er wußte, Stare können fliegen
Und ließ den Postkasten links liegen,
Warf seinen Brief, schlau muß man sein,
In einen Starenkasten ein.

Doch Willy hatte falsch gedacht,
Der Star, der hat nicht mitgemacht;
Auf Willys Brief wart ich noch immer,
Seh ihn wahrscheinlich nie und nimmer.

Der Silvesterknall

Kein Vers am letzten Jahrestag,
Ein Abschluß, den ich gar nicht mag,
So saß ich auf dem Klo,
War überhaupt nicht froh.

Ich brütete und dachte nach,
Nichts, die Gedanken lagen brach,
Da löste sich der Fall,
Von hinten durch den Knall,
Mit diesem Widerhall.

Neujahrstag

Der erste Tag im neuen Jahr,
Die Nacht war laut, der Kopf blieb klar,
Drum spare ich mit Worten nicht
Und form aus ihnen ein Gedicht.

Dreihundertfünfundsechzig Tage,
Zählt dieses Jahr, stellt uns die Frage,
Was wird es nehmen, was uns geben,
Und werden wir es überleben ?

Vieles liegt im Ungewissen,
Denken wir nicht zu beflissen,
Denn sonst könnten wir erschauern,
Gleich vom ersten Tag an trauern.

So wünschen wir, mit frohem Mute,
Uns einander alles Gute;
Was diesem Jahr war dann zu eigen,
Wird am letzten Tag sich zeigen.

Nachruf für meine Taube

Meine Taube kommt nicht mehr,
Man zog sie aus dem Verkehr;
Ich denk, vom Amt angestiftet,
Wurd sie ebenfalls vergiftet.

Doch auch sie lebt weiter hier,
In Erinnerung bei mir,
Ich halt, werd es niemals brechen,
Darauf ganz fest mein Versprechen,

Den verdorbnen Amtsstrategen,
Stell ich weiter mich entgegen,
Werd ihnen, darauf kann man bauen,
Noch mehr auf die Finger schauen.

Tante Elsa und Onkel August

Ausgebombt, ihr Mann verbrannt,
Sie war nicht mit uns verwandt;
Nach dem Krieg ist sie gekommen,
Wurde bei uns aufgenommen.

Zwischen ihr und mir entstand
Daraufhin ein enges Band,
Zumal sie auch für uns kochte,
Möglichst das, was ich gern mochte.

Tante Elsa sagte ich
Zu ihr, sie verwöhnte mich,
Und gehörte fortan eben
Einfach mit zu meinem Leben.

Dann kam, das war auch ein Glück,
Aus Gefangenschaft zurück,
Onkel August, ein ganz netter,
Er war Tante Elsas Vetter.

Und gemeinsam, ohne Not,
Auch nach meines Vaters Tod,
Lebten wir hier unbefangen,
Bis ins Ausland ich gegangen.

Weiter hielten wir Kontakt,
Nichts konnt trennen unsren Pakt,
Bis auch sie, nun alt an Jahren,
In das Jenseits sind gefahren.

Klaus Teege

Dort sitz ich mit dem Freund, Klaus Teege,
Wir warn damals auf dem Wege,
Mit dem Fahrrad durch Südschweden,
Das wär sicher nichts für jeden;

Doch wir beide, noch recht jung,
Voller Tatendrang und Schwung,
Fuhrn pro Tag, ohne Gezeter,
Bis zweihundert Kilometer.

Wie am Ostseestrand wir stehen,
Ist im untren Bild zu sehen;
Unser letztes Bild zu zweit,
Schule war Vergangenheit,

Und wir mußten fortan streben,
Für die Existenz im Leben;
Aus den Augen aus dem Sinn,
Nicht bei uns, auch weiterhin

Fühlten wir uns stets verbunden,
Sahn uns mal für ein paar Stunden,
Und noch heute liest, ganz rege,
Meine Verse der Klaus Teege.

Meinem Vormund

In früher Jugend lernte ich
Des Schicksals Macht schon kennen;
Die lieben Eltern mußten sich
Auf ewig von mir trennen.

Der Vater zeigte mir bewußt
Des Lebens Ernst und Sorgen,
Doch spürt ich auch der Kindheit Lust
Und war bei ihm geborgen.

Sollt ich nun plötzlich ganz allein
In dieser Welt bestehen,
Den Pfad durch loses Felsgestein
Am Rand des Abgrunds gehen?

Du warst sofort dazu bereit,
Mir Deine Hand zu geben;
Von Dir bekam ich das Geleit
Für meinen Weg im Leben.

Du hast, ich brauchte das so sehr,
Mir Fehlendes ersetzt,
Und wurdest mir, was gibt es mehr
Zum guten Freund zuletzt.

Heut ist der Tag, an dem ich nun
Wohl mündig bin an Jahren;
Kann dadurch unser beider Tun
Veränderung erfahren?

Was wir so fest in uns geprägt,
Kann kein Gesetz entweihen;
Die Saat, die Du in mich gelegt,
Ich wünsch, sie mög gedeihen.

Am heutgen Tage sage ich
Besonders herzlich Dank,
Als Schuldner fühl und weiß ich mich
Mein ganzes Leben lang.

Wahlverwandtschaft

Lebensweg mir unbekannt,
Einsam unterlegnes Ringen,
Dank Euch liebvoll wahlverwandt
Und im Herzen nun ein Singen.

Jubelvolles Nahesein!
Schöpferisches freies Denken,
Unser Herz nicht mehr allein,
Glück, das wir einander schenken.

Darin liegt mir soviel Sinn,
Mög es immer sich erhalten;
Trost und Freude als Gewinn
Und ein göttliches Gestalten!

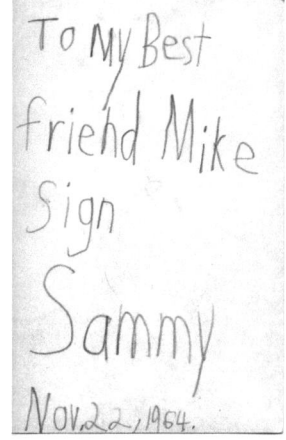

Freunde fürs Leben

Einundzwanzig grad geworden,
Zog ich fort von hier gen Norden,
Bin nach Kanada gefahren,
Um dort Geld mir zu ersparen,

Das als Grundstock dienen sollte,
Weil ich wiederkommen wollte,
Um mit gutem Selbstvertrauen
Ein Geschäft mir aufzubauen.

Doch der Lohn war so bemessen,
Daß er reichte für mein Essen,
Und der Rest ging drauf fürs Zimmer,
Sparen konnt ich nie und nimmer,

Wenn sich da nichts ändern würde;
Schließlich nahm ich diese Hürde,
Indem ich was ausprobierte,
In der Zeitung inserierte:

„Gegen Unterkunft, Verpflegung,
Dies ist wert der Überlegung,
Übernehm ich Haushaltspflichten,
Werd nach Ihrem Wunsch mich richten.

Ihre Kinder gern betreuen,
So, daß Sie es nicht bereuen."
Ein Herr Benshir hat´s gelesen,
Das nun ist mein Glück gewesen;

Ich wurd in sein Haus gebeten,
Hab es kurz darauf betreten,
Denn verständlich, man wollt schauen,
Ob man mir könnt wirklich trauen.

Erstmals spürt ich die Barriere,
Nämlich, daß ich Deutscher wäre,
Sie bestand aus gutem Grunde,
Aus dazu berufnem Munde

Hört ich, welches Leid vor Jahren
Der Familie widerfahren.
Auschwitz! Eltern, Ihre lieben,
Warn für immer dort geblieben,

Und ich fühlte mich verraten
Durch der Schreckensherrschaft Taten;
Doch sie reichten mir die Hände,
Meine Suche fand ein Ende,

Ich durft bei den Benshirs bleiben,
Konnte ich nach Hause schreiben.
Ihre Kinder, diese beiden,
Mochten mich von Herzen leiden.

Meinen Lohn, den konnt ich sparen
Bis ich heimwärts bin gefahren,
Doch weit mehr wurd mir gegeben,
Wir warn Freunde nun fürs Leben.

Lieber verrecken

Bald hat man die Nase voll,
Dann kommst Du nach Ochsenzoll;[1]
Dort wird man Dein Tun und Denken
In ganz neue Bahnen lenken.

So wurd es, gib nur gut acht,
Mit Freund Eiffe auch gemacht;
Erst wurde sein Hirn vernichtet
Bis er sich hat selbst gerichtet.

Er starb Weihnachten im Moor,
Wo er elendig erfror;
Ja, so löst man die Probleme,
Auch noch heute, aufs Bequeme.

Ähnlich kann es Dir ergehn,
Gab man mir jetzt zu verstehn;
Doch mit Wegsehn und Verstecken
Kann ich keine Bürger wecken;
Da werd lieber ich verrecken.

[1] Irrenanstalt in Hamburg

Eiffe aus Wandsbek war unbeirrbar: Sogar die „Miß Uni" des Jahres 1968 wollte der Sprücheklopfer und Student der Betriebswirtschaftslehre beschriften. Der „Hofnarr der APO" arbeitete bis April 1968 im Statistischen Landesamt.
Foto: DU VINAGE

16.5.81

Peter Eiffe
Lindenhof 11
2357 Richberg

Lieber Hubertus

... Schaden ...

menschen ... wir die

Zustand. Recht auf

Ich – unser Gespräch

EINEM AUFRECHTEN ZUM GEDENKEN
Gerd Knesel†
19. Mai 1992

dem verfemten Liedermacher aus den achtziger Jahren

Eine Auswahl aus seinem Liederrepertoire

1	4.14	Nie wieder Krieg!	1	2.52	Genossen stellt das Rüsten ein
2	3.54	Frieden heißt nicht keine Waffen	2	2.43	Wenn die Roten grünen
3	4.44	Der gutgläubige Hase*	3	2.58	Da sitzen sie am vollen Tisch
4	3.06	Die sogenannte DDR	4	3.21	Auschwitz
5	2.38	Sing, Genosse! Sing!	5	3.21	Hanns Martin Schleyer
6	2.11	Was ist mit dem Deutschland drüben?	6	2.23	Genosse gebier man!
7	3.05	Rainer Bäurich	7	4.05	Karl Marx Legende
8	3.38	Ein Brief aus dem Gulag**	8	2.36	Als ich von linken Brüdern sang
9	4.06	Die Blume der Freiheit	9	2.29	Das darf der nicht!
10	3.13	Sie knüpfen für uns die Schlingen	10	4.17	Aus der Liedermacherszene
11	2.15	Die rote Karte	11	3.40	Wenn die Blätter fallen
12	2.00	Lieber rot als tot?	12	3.18	Wie sieht es bei Dir zu Hause aus?
13	2.40	Der Usus bei den Jusos	13	4.00	Warum ist es nur so?
14	3.34	Ja, das ist so ein Sozi-us	14	1.55	Paneuropa

**CD (mit 28 Liedern)
erhältlich bei D. Knesel,
21502 Geesthacht,
Hans-Mayer Siedlung 32
Tel./Fax: 04152/788 66**

Musik: Gerd Knesel

Texte: Hubertus Scheurer

Schwer zu fassen

Gerd K. ist nicht alt geworden,
Bekam posthum keinen Orden,
Obwohl er den Kampf nicht scheute,
Auch nicht gegen Stasileute,

Die ihm auf den Spuren waren
Bis ins Jenseits er gefahren;
Seinem Kampf für Freiheit, Frieden,
War kaum Beistand hier beschieden;

Manchen überkam die Trauer
Als dann endlich fiel die Mauer,
Das durft er noch miterleben,
Ein Erfolg auch für sein Streben;

Doch noch heut, nur schwer zu fassen,
Muß er sich verleumden lassen,
Wurd vom Präsident vergessen,
Der es hält für angemessen,

Lieber einen Mann zu ehren,
Der vertrat die Marx'schen Lehren
Und ein Land verächtlich machte,
Das ihm erst die Freiheit brachte.

Mein bester Kunde

Für ihn durft ich der Makler sein,
Er schenkte mir Vertrauen,
Ging dieses Bündnis mit mir ein
Und konnte auf mich bauen.

Ich zählte dreiundzwanzig Jahr,
Da hab ich ihn als Kunden,
Was wie ein kleines Wunder war,
So frühzeitig gefunden.

Mein Studium lief nebenher,
Auch gar nicht mal so schlecht,
Für ihn bemühte ich mich sehr,
Und der Erfolg gab recht.

Wir kamen drauf, in seinem Haus,
Persönlich uns sehr nah,
Es wurde eine Freundschaft draus,
Ich war gern für ihn da.

Stand als er krank wurd ihm fortan,
So gut ich konnt, zur Seite,
Gab schließlich, schweren Herzens dann,
Zum Grab ihm das Geleite.

Uschis Abgang

Die Uschi lag, das war ein Graus,
Am Morgen tot in ihrem Haus,
Wo sie die Haushaltshilfe fand,
Vorm Bett, ohne ihr Nachtgewand.

Danach standen um sie herum,
Arzt, Polizei und Freunde stumm,
Bis der Leichenwagen kam
Und die Uschi mit sich nahm.

Die Hollenbachs

An jedem Samstag war´s soweit,
Ein Ritual seit Jahren,
Zum Frühstück, manche Köstlichkeit,
Wurd für mich aufgefahren.

Bei Hollenbachs, die nebenan
Ihr schönes Grundstück hatten,
Wie schnell doch stets die Zeit verrann,
Ging unser Treff vonstatten.

Im freundlichen Gesprächsaustausch
Ist so Vertraun entstanden,
Und letztlich führte unser Plausch
Zu freundschaftlichen Banden.

Die Hollenbachs sind nicht mehr dort,
Vom Schicksal aufgerieben,
Verließen Sie den trauten Ort,
Wir sind uns treu geblieben.

Hafenhildur

Hrafnhildur wurd bekannt
Durch ihr Portrait im Lyrik-Band;*
Doch es kam zum Radebrechen,
Wollt den Namen man aussprechen.

Deshalb haben kurzerhand
Wir den Namen umbenannt;
Dabei galt´s, ihn so zu fassen,
Daß er würd zu Hamburg passen.

Hafenhildur heißt sie nun,
Bekannt wie ein buntes Huhn,
Und die Leute bleiben stehen,
Wenn sie Hafenhildur sehen.

*Sh.:"Kampfbereit" wie Bruder Jesus allezeit, S. 86

Rosalie

Unsre kecke Rosalie,
Die hat wirklich Phantasie;
Heute durft ich sie beim Saunen
In der Dampfsauna bestaunen.

Jedesmal beim Dampfausstoß
Sprang sie mir auf meinen Schoß,
Weil sie immer, wenn es dampft,
Einen Schreck kriegt und verkrampft.

Klein und zierlich von Gestalt,
Fand sie bei mir Trost und Halt;
Diese Sauna hat schon was,
Macht mit Rosalie mir Spaß.

Yvonne

Bald macht sich nun auch Yvonne
Vom Meridian davon;
Sie hat einen guten Grund,
Wurde doch ihr Bäuchlein rund.

Yvonne freut sich ungemein,
Denn es stellt sich Nachwuchs ein;
Sicher wird sie fehlen mir,
Doch ich freue mich mit ihr.

Wünsche ihr von Herzen Glück,
Vielleicht kommt sie ja zurück,
Wenn ihr Kind erst größer ist
Und sie uns hier nicht vergißt.

Keine Liebe

Ob es das wirklich gibt ?
Sie hat sich nie geliebt,
Führt das als Grund jetzt dafür an,
Daß andre sie nicht lieben kann.

Wenn es nun jemand gibt,
Der sie von Herzen liebt,
Sollt das Gefühle wecken,
Und sie sich neu entdecken.

Die Therapie

Sie selber liebte sich noch nie,
Deshalb ging sie zur Therapie,
Zumal ja auch, was plötzlich zählte,
Ihr das Gefühl für andre fehlte.

Beim Therapeut war´s umgekehrt,
Nur Liebe gibt dem Leben wert;
Er nahm die Frau in Therapie,
Und verliebte sich in sie.

Er zeigte ihr sehr viel Gefühl,
Doch dieses ließ sie völlig kühl,
Er streichelte sanft ihren Rücken,
Konnt sie damit auch nicht beglücken.

Der Therapeut begann zu leiden,
Wer hat es schwerer von uns beiden,
Sie fühlt nichts, ich fühl zu viel,
Gemeinsamkeit sei unser Ziel.

Er sah sie an, sprach ernst zu ihr:
Jetzt brauchen beide Hilfe wir,
Weshalb ich sie ganz herzlich bitte,
Wir wolln uns treffen in der Mitte.

Zwei in eins

Einsam fühlst Du Dich, allein,
Das gibt mir zu denken,
Ich hüll ein Dich in mein Sein,
Möcht Dir Liebe schenken.

In der Hülle meines Seins
Bist Du dann geborgen,
Vielleicht werden wir so eins,
Teilen uns die Sorgen.

Finden miteinander Glück,
Einer in dem andern,
Auf dem letzten Wegesstück,
Wenn wir dies durchwandern.

Etwas Besondres sein

Sie läßt sich nicht berühren,
Bekam schon früh zu spüren,
Daß die Berührung führte bald
Zu Unterdrückung und Gewalt.

Dies sollte mein Begehren,
Ihr nah zu sein, noch mehren,
Ich könnt für sie im Nachhinein
Vielleicht etwas Besondres sein,

Wenn ich mit Zärtlichkeiten
Würd Freude ihr bereiten
Und sie erkennt, daß meine Hand,
Für ihren Schutz ist ein Garant.

Ihre Schönheit

Die Hand liebkosend ausgestreckt,
Hab ihre Schönheit ich entdeckt,
Als sie den Kopf nach hinten bog,
Es tief sie in den Sessel zog.

Sie schloß die Augen, sah mich nicht,
Doch zu mir sprach ihr Angesicht,
Mit einem Lächeln wunderbar,
In der Erscheinung rein und klar.

Lächeln, das Schönheit ihr verlieh,
So denk ich weiterhin an sie,
Und daran, daß ich ihr ganz nah,
Wohl auch in ihre Seele sah.

Die kleinen Füße

Ich sende meine besten Grüße
Heut an ihre kleinen Füße,
Die sie gestern, so gepflegt,
Mir in meinen Schoß gelegt.

Ach, wie sehr es mich doch reizte,
Wenn sie ihre Zehen spreizte;
Kleine Füßchen, mit den Zehn,
Wirklich schön, sie anzusehn.

Die doch täglich, ohne Klagen,
Einen ganzen Körper tragen;
Auch ihr Leben ist schon hart,
Und ich streichelte sie zart.

Die Lorelei gibt mich nicht frei

Wie komme ich nur los von ihr,
Die Frage stell ich täglich mir,
Doch kaum, daß ich ihr nahe bin,
Ist jeder gute Vorsatz hin.

Ich laß sie in die Wohnung ein,
Freu mich auf das Zusammensein;
Ein Stündchen ist sie hier vor Ort,
Entschwindet und ist wieder fort.

Ja, das ist meine Lorelei,
Find Abstand ich, kommt sie vorbei,
Verzaubert mich, verschwindet dann,
Das Leiden fängt von neuem an,

Was zählt

Als Sichtbarkeit,
Im hübschen Kleid,
Erschien sie ihm begehrenswert,
Doch das war offenbar verkehrt.

Vom Schein verdeckt,
Was in ihr steckt,
Hat er vor Sehnsucht sich verzehrt,
Wurd eines Besseren belehrt.

Es zählt das Wahre,
Unsichtbare,
Das alle Grenzen überwindet,
Zwei Menschen liebevoll verbindet.

Die Hoffnung stirbt zuletzt

Wenn Du willst, ruf ich Dich an,
Nun, das ist doch was, denkt man,
Weil sich dran die Hoffnung bindet,
Daß sie was für Dich empfindet.

Ist das nicht so, sind stattdessen,
Es höchsteigene Interessen,
Die zum Anruf sie bewegen,
Kommt der eher ungelegen.

Nun, wer will das schon erkennen,
Wenn Gefühle in ihm brennen,
Bleibt er doch mit ihr vernetzt,
Denn die Hoffnung stirbt zuletzt.

Paula und ihr Frauchen

Paula heißt der kleine Hund,
Wedelt mit dem Schwänzchen,
Tut so seine Freude kund
Und vollzieht ein Tänzchen.

Kaum, daß er mich sieht, geht´s los,
Für uns beide ein Vergnügen,
Dann springt er mir auf den Schoß,
Meint es ehrlich, kann nicht lügen.

So wünscht´ ich sein Frauchen mir,
Sie könnt wirklich von ihm lernen,
Eine Zukunft hätten wir,
Statt uns weiter zu entfernen.

Der Hähnchenklau

Heut sag ich, Paula, meine Güte,
Das sind doch krumme Sachen,
Klaust dir ein Hähnchen aus der Tüte,
Wie kannst du so was machen ?

Begannst sogleich, es zu verdrücken,
Genüßlich, doch zu gierig,
Du kipptest um, fielst auf den Rücken,
Da wurd die Lage schwierig.

Die Strafe folgte auf dem Fuße,
Du hast dich dann erbrochen,
Der Schmerz verlangte ab dir Buße,
Im Hals steckte ein Knochen.

Gut, daß dein Frauchen dich gefunden,
Fuhr dich ins Hospital,
So konntest langsam du gesunden,
Mach so was nicht noch mal !

Dein Anruf

Nun sitz ich hier und wart darauf,
Daß Du rufst endlich an,
In Angst, weil Dir im Nachtverlauf
Etwas passiert sein kann.

Die Straßen glatt, es hat geschneit,
Du mußtest aus dem Haus,
Bei Kälte, in der Dunkelheit,
Harrst ja so tapfer aus.

Um fünf begann sie, Deine Tour
Im Wagen, wie gewohnt,
Bei Rutschgefahr, ich hoffe nur,
Du bliebst davon verschont.

Zwei Stunden warte ich jetzt schon,
Die Zeit wird mir so lang,
Da klingelt es, das Telefon,
Du bist es, Gott sei Dank !

Herzlos

Du meinst, sie würde Dich bestehlen,
Ließ wieder Dich allein,
Um das, was Dir so würde fehlen,
Euer Zusammensein.

Sie hatte es doch fest versprochen,
Daß sie heut bei Dir wär,
Und ihr Versprechen dann gebrochen,
Andres sei wichtiger.

Doch hat sie wirklich Dich bestohlen,
Wenn Dein Herz für sie schlägt,
Und sie bekennt, ganz unverhohlen,
Daß ihres sich nicht regt ?

Sie kann Dir wirklich gar nichts nehmen,
Wenn sie nichts geben kann,
Du solltest Dich deshalb nicht grämen,
Schau sie nur richtig an.

Im Kreis

Du gibst mir ganz klar den Beweis,
Wir drehen ständig uns im Kreis;
Ein Richtungswechsel wär gescheiter,
Denn sonst kommen wir nicht weiter.

Du beklagst Dich, Dir geht´s schlecht,
Ich glaub´s Dir, da hast Du recht;
Wie Du Deinen Mann mußt stehen,
Kann es nicht lang weitergehen.

Die Zukunft lastet wie ein Fluch,
Du fürchtest den Zusammenbruch,
Würdst, wenn Dich plagen Deine Leiden,
Am liebsten aus dem Leben scheiden.

Das sagst Du mir, doch meine Hand,
Schlugst aus Du, willst kein enges Band,
Obwohl ich Dir wollt für Dein Leben
Den so ersehnten Wohlstand geben.

Da stirbst Du lieber, das zeigt mir,
Wie wenig ich noch wert bin hier,
Und ich denke, so gesehen,
Muß mir es schlechter als Dir gehen.

Stillstand der Mühle

Die Torheit schwindet,
Die ihn an sie bindet;
Es scheint, der Verstand
Gewinnt Oberhand.

Hält an die Mühle,
Schmerzhafter Gefühle,
Die langsam sich dreht,
Frühmorgens bis spät.

Er findet zum Glück
Zu sich noch zurück,
Läuft nicht hinterdrein
Verderblichem Schein.

Letzte Fahrt

Durch schwere See bin ich gefahren,
Wollte in Ihrem Herzen landen,
Dabei, nicht mehr jung an Jahren,
Kam mir der Verstand abhanden.

Stürme konnt ich überleben,
Die mich fast zum Kentern brachten,
Änderten nicht mein Bestreben
Und mich auch nicht klüger machten.

Bis ich schließlich bin gestrandet,
An der Küste Einsamkeit,
Wo kaum noch einmal jemand landet,
Warte aufs Ende meiner Zeit.

Dein Schreiben

Wenn Du mir jetzt noch einmal schreibst,
Gibt das gewiß zu denken,
In der Erinnerung mir bleibst,
Muß ich den Blick drauf lenken,

Daß Liebe wär für mich der Grund
Für ein Zusammenleben,
So schließ ich mit Dir keinen Bund,
Du kannst sie mir nicht geben.

Du stößt mich weg

Meinst Du das ernst, ich stoß Dich weg,
Gabst Du mir zu verstehn,
Hat es denn wirklich einen Zweck,
Darauf noch einzugehn ?

Ich wollt so gern Dir nahe sein,
Du ließt mich nicht heran,
So daß ich Dich, sieh es doch ein,
Gar nicht wegstoßen kann.

Zur Liebe

„Ich mag Dich", nun, das mag wohl sein,
Und damit stehst Du nicht allein;
„Ich hab Dich gern", ein weitrer Schritt,
Du kommst viel näher mir damit.

„Ich hab Dich lieb", bist mir jetzt nah,
Stehst vor mir wie kein andrer da;
„Ich liebe Dich", der Kreis schließt sich,
Zur Einheit werden Du und ich.

Verschiedenes in Kurzfassung

Nicht zu ehrlich

Wenn Du schreibst, sei nicht zu ehrlich,
Wer will schon die Wahrheit hörn,
Damit machst Du Dich entbehrlich,
Darfst die Mitmenschen nicht störn.

Auf der Strecke

Auf der Strecke ist geblieben,
Was ich hab auf ihr geschrieben,
Doch der Spaß daran war schon
Eigentlich ein guter Lohn.

Rechtskultur

Rechtskondome, Rechtslakaien,
Wenn sie weiter so gedeihen,
Wird verlieren sich die Spur,
Die hinführt zur Rechtskultur.

Das Verhältnis

Sieht man, wie sie ihr Verhalten
Zueinander ausgestalten,
Scheint es, daß es sich gebührt,
Wenn dies zum Verhältnis führt.

Das größte Gut

Von des Lebens Gütern allen
Will mir keins so sehr gefallen
Wie die Liebe, gibt ihm Sinn,
Geb alles andre dafür hin.

Verlorne Tage,

Die Sehnsucht häuft,
Wenn die Zeit läuft,
Zusammen mit der Klage,
Die verlornen Tage.

Ein guter Zweck

Schreibst durch's Schreiben, Du den Dreck
Dir von Deiner Seele weg,
Erfüllt es einen guten Zweck.

Zum Liebesleben

Er liebte sie, doch sie ihn nicht,
Was gegen die Verbindung spricht;
Verhielte es sich andersrum,
Wär's allerdings genauso dumm,
Denn ein erfülltes Liebesleben
Kann's nur im Einklang beider geben.

Verstandessieg

Wie dumm, er ließ sich auf sie ein
Und machte sich dadurch gemein,
Doch dann hat der Verstand gesiegt,
Er hat die Kurve noch gekriegt.

Geflügelte Worte

Ein geflügeltes Wort,
Das fliegt nicht fort,
Wird zum Sprachbegleiter
Und lebt mit uns weiter.

Wortspielerei

Er mag mit Worten spielen,
Um Wirkung zu erzielen,
In Sätze sie einfügen,
Daran hat er Vergnügen.

Kein Liebesglanz

Ein Leben ohne Liebesglanz
Ist wie ein armer Hundeschwanz,
Der nicht wedelt, sich nicht regt,
Weil keine Freude ihn bewegt.

Keiner weiß es

Keiner weiß, wie's weitergeht,
Weil das in den Sternen steht;
Doch gesagt sei jenen Leuten,
Die daraus die Zukunft deuten:
Sucht ihn auf, den Therapeuten!

Besonders reizvoll

Was ihn besonders an ihr reizt,
Ist, daß sie mit den Reizen geizt,
Und, daß er einen Weg muß finden,
Um ihren Geiz zu überwinden.

Täter des Worts

Seid Täter des Worts und nicht Hörer allein,*
Genau das soll unsre Richtschnur sein;
So werden wir den falschen Hasen,
Im Staat, den Marsch auch weiter blasen.

* Jacobus 1, 22-23

Kopf und Topf

Was man weiß hat man im Kopf,
Es ist wie bei einem Topf,
Ist der voll, dann ist er schwer,
Wie der Kopf, leicht sind sie leer.

An die Obrigkeit

Wenn sie mich nicht begreifen,
Kann ich darauf pfeifen,
Doch sollten sie es unterlassen,
Mich stattdessen anzufassen.

Was Du nicht hast

Was Du nicht hast,
Wird nicht zur Last,
Sei nicht erbost,
Auch das zum Trost:
Was immer mag passieren,
Du kannst es nicht verlieren.

Meine Begleitung

Du gehst jeden Tag alleine
Und fühlst einsam Dich;
Stimmt nicht, denn die beiden Beine,
Sie begleiten mich.

Kein schlechter Rat

Sie liebt das Essen mehr als Dich,
Zieht vor den Schweinebraten,
Verläßt Du sie, bist sicherlich,
Du gar nicht schlecht beraten.

Die unpünktliche Dienerin

Sie kommt jedesmal zu spät,
Liegt an der Mentalität,
Höflich wie ein König sein,
Fällt der Dienerin nicht ein.

Gedankenspiel

Der eine spielt gern, ruft: „Gut Holz!",
Ein andrer denkt und fragt, was soll's?
Der eine scherzt, er lacht und trinkt,
Der andre sagt, daß dies nichts bringt.

Spaß

Mit den Worten spielen,
In Versen, dies mit Maß,
Um Wirkung zu erzielen,
Bereitet ihm noch Spaß.

Nah doch fern

Sie war räumlich nah,
Zwar wieder mal da,
Gleichwohl ihm so fern,
Wie am Himmel der Stern.

Befehlshaber bleibst Du

Es gibt kein wenn und aber,
Kein Drumherumgelaber,
Mein Wunsch sei Dir Befehl,
Nun schau nicht gleich so scheel,
Befehlshaber, hör zu,
Bleibst selbstverständlich Du.

Der Rechthaber

Wenn Recht ihm nicht am Herzen liegt,
Für ihn nur zählt, daß er obsiegt,
Liegt's nahe, daß das Recht verliert,
Wenn so ein Mensch das Recht studiert.

Preis und Wert

Willst Du ein Buch, so kauf Dir eins,
Denn umsonst gibt's diesmal keins;
Mit dem Preis steigt auch sein Wert,
Fällt der, ist es umgekehrt.

Kein Stillstand

Soll sich das Hirn regen,
Muß man sich bewegen;
Bewegung verschafft
Die geistige Kraft,
Belebt unsren Geist,
Der im Stillstand vergreist.

Bereicherung oder Last

Mit frohem Herzen geben,
Bereichert unser Leben,
Drum freu Dich, wenn Du gegeben hast,
Versäumnis kann werden zur seelischen Last.

Zum Überleben

Willst Du in dieser Welt bestehn,
So mußt Du mit dem Wind Dich drehn,
Dann mußt Du mit den Hunden bellen,
Mußt Dich ganz einfach dümmer stellen
Als Du es wirklich bist
Und überlebst mit List.

Wer ich bin

Wer ich bin,
Wer ich war,
Steht in meinen Büchern drin,
Wird beim Lesen offenbar.

Der Genius

Er sagte: Gott zum Gruß,
Was macht ihr Genius ?
Der versank im Fluß,
Im Fluß der Gefühle,
Nahe bei der Mühle.

Wie Wasser im Sand

Mit Gefühl und Verstand,
Gefüllt bis zum Rand,
Schrieb er Band für Band;
Es verlief wie am Strand
Das Wasser im Sand.

Unser Bestreben

Nicht verzagen und nicht klagen,
Sei unser Bestreben,
Möglichst leicht das Schwere tragen
Und sich heiter geben.

Weniger wär mehr

Weniger wär mehr
Zu ändern, ist nicht schwer,
Man zieh aus dem Verkehr,
Was überflüssig wär,
Dann hat man, bitte sehr,
Gleich weniger und mehr.

Masse bringt Kasse

Er schreibt ohne Klasse,
Im Auge die Masse,
Durch sie macht er Kasse,
Das ist sein Bestreben,
Um zu überleben.

Zum Wohlgefallen

Hier, in dieser Welt, gefällt,
Wer zu andren sich gesellt,
Sich auf Spiel und Spaß beschränkt
Und am besten gar nicht denkt,
Weil das Denken sie sonst kränkt.

Genug

Um mich herum nur Lug und Trug,
Mir reicht's, ich habe längst genug,
Möchte zu Jesus und Gottvater,
Schau dann von dort aufs Welttheater.

Das laufende Band

Er schrieb und schrieb am laufenden Band,
Doch dann fiel dieses ihm aus der Hand,
Er fand es nicht und der Befund:
Er schreibt nicht mehr aus diesem Grund.

Klaglos

Es lohnt sich nicht zu klagen,
Bringt nur Ärger, Unbehagen,
Kommt doch mal etwas dabei rein,
Dann will der Staat beteiligt sein.

Affe mit Doktorhut

Der Affe mit dem Doktorhut,
Der springt im Kreise voller Wut,
Wenn man ihn unter seinem Hut
Nicht aufrichtig bewundern tut.

Wie ein Schwein

Er frißt und frißt in sich hinein
Und mästet sich selbst wie ein Schwein,
Hält das an, lassen sich die beiden,
Vom Aussehn her, kaum unterscheiden.

Auf der Toilette

Er saß heute einmal wieder
Auf dem Potte der Toilette,
Sang dort flotte, sehr kokette,
Schöne Operettenlieder.

Die Commerzbank

Was ist los mit dieser Bank?
Sie ist blanker noch als blank,
Ich sag's heraus frei und frank,
Der Kommerz machte sie krank,
Brachte sie in größte Not,
Und jetzt ringt sie mit dem Tod.

Rechtsgesocks nach Fort Knox

Aufgrund meiner Rechtserfahrung
Hatte ich die Offenbarung
Einer Sicherungsverwahrung,
Für das deutsche Rechtsgesocks,
In Amerikas Fort Knox,
Damit sich das Recht sodann
Hier im Land erholen kann.

Ohne Frage

Ich weiß nicht, wer sie wirklich war,
Ich weiß nicht, wer ich wirklich bin,
Und langsam wird mir daher klar,
Daß ich damit besser fahr,
Wenn ich nicht frage weiterhin.

Die Frage

Auf seine alten Tage,
Verbleibt nur noch die Frage,
Nach des Lebens Sinn,
Bevor er geht dahin.

Die letzte Frage

Die letzte Frage, die sich stellt,
Wie kommen wir von dieser Welt?
Ein jeder möcht gern scheiden,
Wenn möglich, ohne Leiden.

Wie lange ?

Wie lange mach ich hier noch mit,
Frag ich mich jeden Tag,
Weil ich, nach all der Müh und Plag,
Nun einfach nicht mehr mag.

Nase voll

Ich habe jetzt die Nase voll
Und meinen Hintern leer;
Es ist damit erfüllt mein Soll,
Von mir kommt nun nichts mehr.

Besser nicht geboren werden

Asche zu Asche, Staub zu Staub,
Welch eine Aussicht, mit Verlaub
Scheint es mit Blick auf all die Beschwerden,
Besser, nicht erst geboren zu werden.

Vertrauen

Sie möcht einen Neubeginn,
Er sieht darin keinen Sinn,
Das Vertrauen ist dahin;
Um etwas Neues aufzubauen,
Ist das Fundament: Vertrauen.

Mode

Ich fragte ihn, was Mode sei,
Er sprach: Du kommst bestimmt nicht drauf,
Sie setzte mir die Hörner auf,
Jetzt trag ich ein Geweih,
Das ist der letzte Schrei.

Der Braten

Sie mag ihn, das wird wohl so sein,
Er bildet sich darauf nichts ein;
Warum ? Nun, dreimal darfst Du raten,
Sie mag ja auch vom Lamm den Braten.

Einsamkeit zu zweit

Er suchte den Menschen, der etwas empfindet,
Sich mit seinem Herzen durch Liebe verbindet,
Die Einsamkeit zu zweit,
Vergrößert nur das Leid.

Keine Demenz

Weit entfernt von der Demenz,
Wart ich auf den nächsten Lenz;
Mein Gehirn, es will nicht rasten,
Nein, es rattert noch im Kasten.
Könnt, ich möcht's nicht übertreiben,
Sicher weitere Bücher schreiben.

Ein Haufen Schrott

Noch kann ich recht gut laufen,
Fühl mich trotzdem wie ein Haufen,
Nur noch wie ein Haufen Schrott,
Auf dem Wege zum Schafott.

Auf Sand gebaut

Er hat ihm vertraut, er hat ihr vertraut,
Dabei leider oft auf Sand nur gebaut;
Fortan wird er auf Sand nicht mehr bauen,
Und deshalb nur noch sich selber vertrauen.

Für Frau K.

Die Sonne im Herzen,
Im Hintern die Schmerzen,
So drehn wir die Runde
In der Morgenstunde.

Der Sinn

Der Sinn des Lebens: Glücklich sein;
Wär das so, fällt mir dazu ein,
Mein Leben hatte vom Beginn
Bis heute nur sehr selten Sinn.

Was willst Du mehr?

Du bist fast schmerzfrei, bitte sehr,
Sei dankbar, denn was willst Du mehr?
Die Frau, die Dich von Herzen liebt,
Begreif, daß es sie nicht mehr gibt.

Wehmut

Wehmut, sie fließt auch mit ein,
In das Glücklichsein zu zwein;
Einer bleibt zurück allein,
Denn hier ist doch nichts von Dauer,
Auf das Glück folgt dann die Trauer.

Dein Geburtstag

Dein sechster Geburtstag nach Deinem Tod,
An Dich denken, ist mein tägliches Brot,
Doch heute trinke ich auf Dein Wohl,
Du lächelst mir zu aus dem Glas Alkohol.

Gebärde

Unaufhaltsam weitereilen,
Der Gewinn verlorne Zeit;
Suchen wir im Glück Verweilen,
Wahnwitz der Vergeblichkeit.

Was Du Dir versuchst zu schaffen,
Selbst, wenn es Dein Herz erbaut,
Wird man Dir doch nur entraffen,
Ungehört Dein Schmerzenslaut.

Und was bleibt, ist der Gebärde
Lächerliche Formbewegung;
Richtungsweisend, fern der Erde
Wider tief empfundne Regung.

Hell wie dunkel dieser Weg,
Dich besitzen sich ersehnt,
Bis sich Deines Fußes Steg
Ganz entzieht und Leere gähnt.

Mit Bedacht

Mit Bedacht ging er zu Werke,
Darin lag ja seine Stärke,
Und so hat er mit Bedacht
Sich auch aus dem Staub gemacht,

Bevor es im Lande krachte,
Man aus Dichtern Kleinholz machte;
Heute halte, mit Bedacht,
Hierzulande ich die Wacht.

Gegessen

Aufgrund mangelnder Interessen
Scheint das Leben mir gegessen,
Wenn ich mit der Langeweile
Jeden neuen Tag anpeile.

Keine Freude, keine Ziele,
Ohne Reiz Gedankenspiele,
Hoffnungslos, auf allen Wegen,
Geht's dem Ende so entgegen.

Was sind wir ?

Was wir sind ? Ich meine schon,
Von dem Körper die Funktion,
Der, solange dieses denkt,
Wird von dem Gehirn gelenkt.

Unser eigentliches Ich,
Auch genannt, das Ding an sich,
Ist der Wille, er bedingt,
Was der Mensch zum Ausdruck bringt.

Nach vollzogner Ausgestaltung
Seiner innerlichen Haltung;
Dabei hat er im Kalkül
Den Verstand und das Gefühl.

Diogenes

Diogenes, der Philosoph,
Verachtete Komfort und Schwof,
Er wohnte in der Tonne,
Beheizt nur von der Sonne.

Das sprach sich rum, brachte ihm Ruhm,
Zu Lebzeiten und auch posthum,
So darf er heute, mit drei Zeilen,
In jedem Lexikon verweilen.

Das Gehirn

Im Kopf, hinter der Stirn,
Da denkt das Gehirn;
Ein Sammler von Wissen,
Gealtert, verschlissen.

Nun wird einem bang,
Man fragt sich, wie lang
Wird's noch funktionieren
Und wann kollabieren.

Auf dem Arm

In Trübsäl ging die Zeit dahin,
Er hat seit vielen Jahren,
Sein Leben schien ihm ohne Sinn,
Freude nicht mehr erfahren.

Doch plötzlich wurde ihm ganz warm,
Da muß ich etwas machen,
Er nahm sich selber auf den Arm
Und fing an, laut zu lachen.

Ein gutes Werk

Nun marschiert er einmal wieder
Durch die Zeit und schaut hernieder,
Vor sich auf des Weges Strecke,
Da erblickt er eine Schnecke;

Bückt sich, trägt sie mit sich fort,
Setzt sie ab am sichren Ort;
Hat auf seiner Lebensbahn,
Heut ein gutes Werk getan.

Der Bewegung Lohn

Der Gang am frühen Morgen schon,
Setzt in Gang die Produktion,
Der Gedanken im Gehirn,
Sogleich hinter seiner Stirn.

Meistens kommt es zum Befund:
Morgenstund hat Gold im Mund,
Wenn sein Laufband abgeschaltet,
Zeigt, was darauf wurd gestaltet.

Gedanken, wie im Flug erfaßt,
Fest in Verse eingepaßt,
Resultat der Produktion,
Der Bewegungskraft zum Lohn.

Alles vorbei

In zweitausendsechs am zwölften Mai,
Geliebter Schatz, war alles vorbei;
Du wurdest erlöst von qualvollem Leid,
Zu Ende auch unser Leben zu zweit.

Vorbei die Hoffnung, sie starb mit Dir,
Deine und meine, allein blieb ich hier;
Vorbei, was meinem Leben gab Sinn,
Die Liebe, die unsre, daß ich für Dich bin.

Vorbei für immer, für immer vorbei.
Was blieb? Im Herzen ein stummer Schrei,
Und der Gedanke gewinnt jetzt an Raum,
Das ganze Leben es war nur ein Traum.

Glücksempfinden

Zwei Finger streichelten galant
Die Finger meiner andren Hand;
Das war im Halbschlaf heute Nacht,
Davon bin gänzlich ich erwacht.

Die ungeahnte Zärtlichkeit,
Nach einer längst vergangnen Zeit,
Brachte Erinnerung zurück,
Mit der Empfindung für das Glück.

Ein Traum

Der Schlaf drückt mir die Augen zu,
Schenkt mir für ein paar Stunden Ruh;
In dieser Zeit blieb auch noch Raum
Für einen wunderbaren Traum.

Sanft spürt´ ich Deine liebe Hand,
Und als Dein Mund den meinen fand,
Da war zu Ende diese Nacht,
Wär ich doch nie mehr aufgewacht.

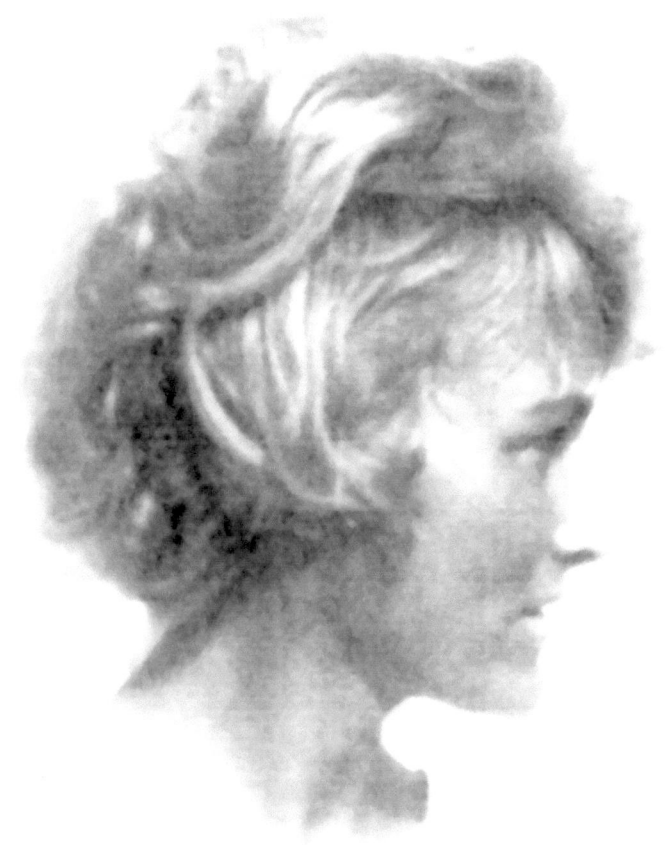

 Erlebnisse im Hotel mit König Alfred und seinem Hanswurst unter Berücksichtigung der Zensur durch das Landgericht Hamburg. Der Kampf eines Bürgers gegen ein Unternehmen mit faschistoiden Verhaltensweisen. Band I–X
Band I: ISBN 978-3-8334-7985-4

 König Alfred und sein Hanswurst
Ein MALBUCH mit 66 heiteren Geschichten in Versform
ISBN: 978-3-8334-8037-9

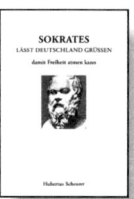 Sokrates läßt Deutschland grüßen – damit Freiheit atmen kann
ISBN 978-3-8334-7988-5

 Das große Kochbuch
Ein Menü für Juristen und verantwortungs-bewußte Staatsbürger
ISBN 978-3-8334-7987-8
Kurzfassung der Bande „Erlebnisse im Hotel I–VIII" in acht Kapiteln auf 526 Seiten mit den kompletten Vorworten und 327 Gedichten

 Mir reicht's – Deutschland ade
ISBN 978-3-8334-7986-1

Bürger wacht auf!
Zum Obrigkeitsstaat
ISBN 978-3-8370-2276-6

Daß Liebe unser Leben durchdringt ...
ISBN 978-3-8334-7977-9

Für Dich
ISBN 978-3-8334-7975-5

Nur noch für Dich – Eine Liebeserklärung, Band I–III
Band I: ISBN 978-3-8334-7976-2
Band II: ISBN 978-3-8334-8769-9
Band III: ISBN 978-3-8334-7406-4

Anfang und Ende – Gedichte für einen geliebten
Menschen
ISBN: 978-3-8334-8770-5

 Für Dich – Eine Nachlese
ISBN: 978-3-8370-6224-3

 Du lebst in mir.
Die Trauer eines vereinsamten Menschen
ISBN: 978-3-8391-9300-6

 Widerstand den Affenärschen!
Grundgesetz ade
ISBN: 978-3-8391-5609-4

 Die Glüh-Birne
Zur Warnung und Erleuchtung!
ISBN: 978-3-8391-5761-9

 Schlaf, Bürger, schlaf
Dies Buch lies nicht, sei brav!
ISBN: 978-3-8423-0466-6

Armes Deutschland
Kritische Betrachtungen zur Rechtslage
der Nation und einiges mehr.
In Versform
ISBN: 978-3-8423-9549-7

„Kampfbereit" wie Bruder Jesus allezeit
Zu Guttenberg bewahr uns vor
Trittihnnesen, Gysi-tor! Die Verleumder
hier im Land mach ich weiterhin bekannt.
ISBN: 978-3-8448-7206-4

Nachruf für einen geliebten Menschen
Gedichte für Traueranzeigen
ISBN: 978-3-8448-4202-9